Liebe Eltern,

jedes Kind ist anders. Darum muss sich die konzeptionelle Entwicklung von Lesetexten für Kinder unbedingt an den besonderen Lernentwicklungen des einzelnen Kindes orientieren. Wir haben deshalb für unser Bücherbär-Erstleseprogramm 5 Lesestufen entwickelt, die aufeinander aufbauen. Sie entsprechen den Fähigkeiten, die notwendig sind, um das Buch zu (er-)lesen und zu verstehen. Allein das Schuljahr eines Kindes kann darüber nur wenig aussagen.
Welche Bücher für Ihr Kind geeignet sind, sehen Sie in der Übersicht auf der Buchrückseite.
Unser Erstleseprogramm holt die unterschiedlich entwickelten Kinder dort ab, wo sie sind. So gewinnen sie Lesespaß von Anfang an – hoffentlich ein Leben lang.

Prof. Dr. Peter Conrady
Hochschullehrer an der Universität Dortmund
und Erfinder des Leselern-Stufenkonzepts

In Zusammenarbeit mit dem *Westermann* Schulbuchverlag

Der Bücherbär

Mein LeseBilderbuch

Dieses Buch gehört:

____

2. Auflage 2009

Einband und Illustrationen von Sonja Egger
Gesamtherstellung: Westermann Druck Zwickau GmbH
ISBN 978-3-401-09370-3

www.arena-verlag.de

Maja von Vogel / Sonja Egger

Emily, Lara und das allerliebste Pony der Welt

Arena

Emily  ist schrecklich aufgeregt.

Endlich haben Mama  und Papa  frei,

und sie fahren auf den  !

Der  liegt auf einer  .

Und die  liegt mitten im  .

 findet   toll.

„Wann sind wir endlich da?“,

fragt  ungeduldig im  .

„Bald“, antwortet  .

„Erst fahren wir noch mit dem  “,

erklärt  .

 kann es kaum erwarten.

Ob sie heute noch reiten darf?

Vom  aus sieht  die  .

„Da ist der  !“, ruft sie.

Das 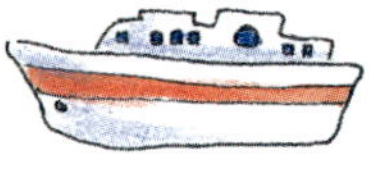 legt im  an,

und alle  steigen aus.

„Seht mal!“, ruft  . „Lauter  !“

„Hier auf der  sind  verboten“,

erklärt  . „Dafür gibt es  ,

 und viele  .“

Der  liegt mitten in den .

Auf einer  neben dem 

grasen mehrere  .

Ein  ist kaum größer als .

„Wie süß!“, ruft  begeistert

und läuft sofort zur  .

Eine  kommt aus dem  .

„Das ist Kira  “, sagt sie.

„Und ich bin Frau Hansen  .

Möchtest du  einen  geben?“

„Au ja!“  nimmt den  ,

legt ihn auf ihre 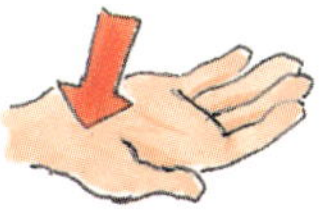

und hält ihn  hin.

 schnappt sich den  .

Ihre  sind ganz weich.

„Darf ich auf  reiten?“, fragt  .

Da taucht ein  neben  auf.

Sie trägt eine  , 

und eine richtige 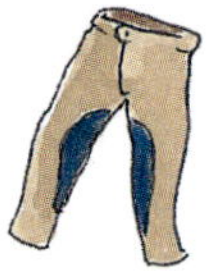 .

„Das ist Lara  “, sagt  .

„Sie ist auch mit ihren  hier.“

„Ich reite auf  !“, stellt  klar.

„Aber . . .“, fängt  an.

Doch  unterbricht sie.

„Wir gehen jetzt erst mal ins 

und packen unsere  aus.

Du kannst später noch reiten,  .“

 grinst  schadenfroh zu.

 streckt ihr die 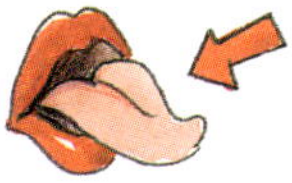 raus.

Diese  ist echt eine dumme  !

„Darf ich noch mal zu  ?“, fragt  ,

als die  ausgepackt sind.

 nickt. „Aber nicht so lange.

Bald gibt es  .“

 steckt einen  ein

und flitzt zur  .

 wiehert, als sie  sieht.

Doch neben  steht  .

Sie füttert das  mit einer  .

„Willst du einen  ,  ?“,

fragt  schüchtern.

„  mag lieber  “,

sagt  . „Und außerdem

ist  mein  .“

„Das ist doch  !“, schimpft  .

„  gehört  .“

„Aber ich kümmere mich um  “,

sagt  . „Und du nicht!“

 und  funkeln sich wütend an.

Da kommt  aus dem  .

Sie telefoniert mit ihrem  .

„Wir müssen sie leider verkaufen.

Sie ist zu klein für den  “, sagt sie.

 reißt die  auf.

Redet  etwa von  ?

Auch  ist blass geworden.

 steckt das 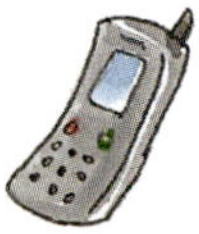 weg

und geht in den  .

 und  hat sie nicht gesehen.

 schaut  entsetzt an.

„  soll verkauft werden!“, flüstert sie.

 glitzern in ihren  .

„Wir müssen  retten“, sagt  .

 nickt. „Aber wie?“

 überlegt. „Ich hab’s!“

Sie flüstert  etwas ins 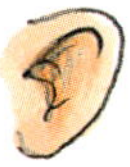.

Dabei vergisst  ganz,

dass sie  eigentlich nicht mag.

 grinst. „Gut, dann bis !“

Sie winkt  zu und läuft ins .

Am nächsten 

steht  ganz früh auf.

Dichter  liegt über der  .

 und  schlafen noch.

 zieht sich leise an

und schleicht aus dem  .

 wartet schon vor dem .

Sie lächelt  zu. „Schnell!

Bevor  aufwacht.“

 und  laufen zur .

 wiehert leise.

„Komm,  !“, flüstert  .

Sie hält dem  einen  hin.

Als  zum 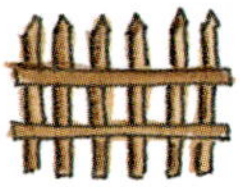 trabt,

legt  ihr schnell ein 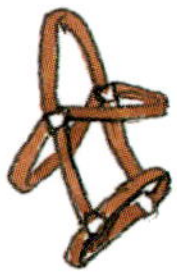 um.

„Das hing im  “, erklärt sie.

 nickt. „Super!“

Dann marschieren sie in die  .

„Wir müssen  verstecken“,

sagt  . „Aber wo?“

 überlegt. „Ich weiß es!

Am  ist ein alter  .

Da kann  wohnen.“

„Und wir bringen ihr  und  “,

sagt  zufrieden.

Der  ist ganz schön lang.

Bald tun  die 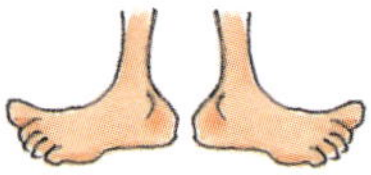 weh.

„Ist es noch weit?“, fragt  .

„Bis zur 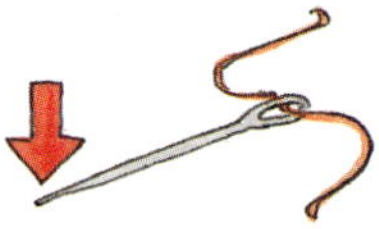 der  “,

sagt  . Dann grinst sie.

„Wir haben echt ein 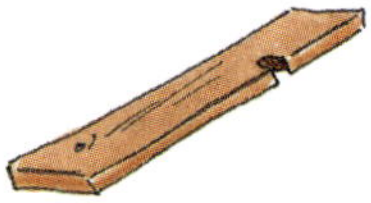 vor dem  !

Wir können doch auf  reiten!“

 lacht. „Stimmt ja!“

 bleibt stehen,

und  steigt auf ihren  .

Ihre 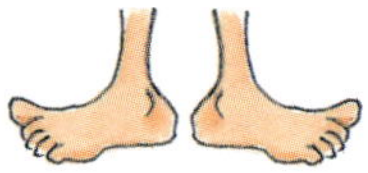 berühren fast den  ,

weil  so klein ist.

Trotzdem ist  wahnsinnig froh.

Endlich sitzt sie auf einem  !

 reitet auf  ,

bis sie am  ankommen.

„Da vorne ist der  “, sagt  .

Über dem  ziehen  auf.

Der  zerzaust  die  .

Am  ist kein  zu sehen.

„Schnell!“, ruft  . „Es regnet!“

Dicke  fallen aus den  .

 und  rennen zum  .

 trabt hinterher.

Der  ist klein und dunkel.

 ,  und  passen gerade hinein.

In der 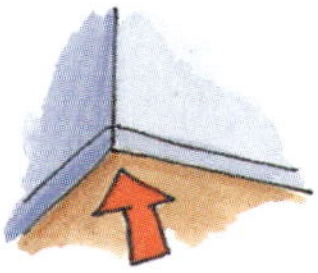 liegen ein paar 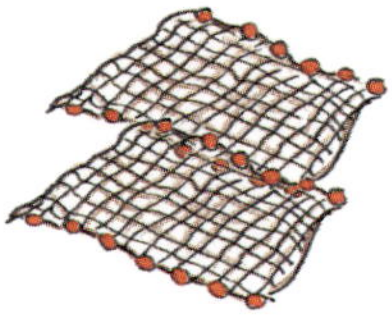 .

Es riecht nach  und  .

„Ob  schon gemerkt hat,

dass  weg ist?“, überlegt .

„Bestimmt“, sagt .

 muss an  und  denken.

Ob sie  schon vermissen?

Vielleicht suchen  und 

bereits den ganzen  ab!

„Lass uns nach  gehen“,

sagt  . „  kommen wir wieder

und bringen  etwas zu essen.“

 nickt.

Doch als  die  öffnet,

peitscht ihr der  ins .

Es gießt wie aus  ,

und das  ist ganz aufgewühlt.

Die  rollen gefährlich nah

an den  heran.

„Wir müssen hier weg!“, ruft  .

„Bevor wir ins  gespült werden.“

Sie zieht am  ,

aber  will nicht.

Sie stemmt ihre  in den 

und schüttelt den  .

„  fürchtet sich“, sagt  .

„Wir müssen im  bleiben.“

 und  setzen sich auf die 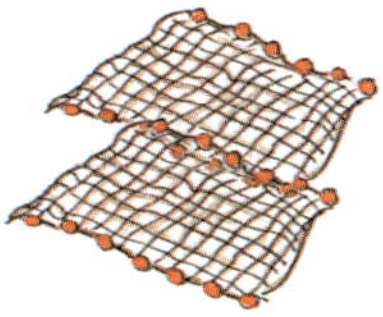 .

 legt den 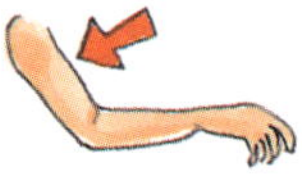 um  .

 senkt den 

und bläst  warm ins  .

Draußen heult der 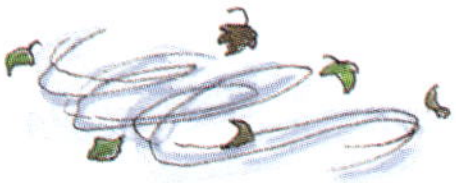 um den  ,

und das  tobt wie verrückt.

 schließt die  .

Sie wäre jetzt so gern bei  und  .

Es dauert lange, bis der  nachlässt.

Irgendwann wird das  ruhiger.

Der  ist total verwüstet.

Überall liegen  und  .

Sogar ein kaputtes  liegt herum.

„Gut, dass wir im trockenen 

geblieben sind“, sagt  erleichtert.

„Der  hätte uns glatt weggeblasen.“

 schlingt die 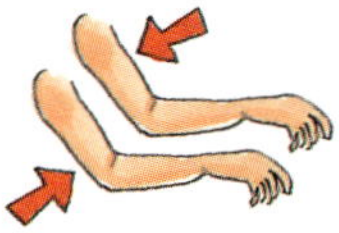 um das  .

„Du hast uns gerettet,  !“, flüstert sie.

 schnaubt und stampft mit den  .

Da tauchen  am  auf.

 erkennt sie sofort.

„ !  !“, ruft sie und rennt los.

 ist auch dabei.

Und die   von  .

„Da seid ihr ja!“  ist ganz blass.

„Wir haben die ganze  abgesucht!“

Sie nimmt  fest in die 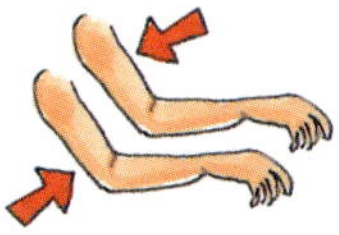.

„Habt ihr  gesehen?“,

fragt . „Sie ist weg.“

 schnaubt im .

„Habt ihr noch alle  im  ?“,

schimpft  . „Es ist gefährlich,

bei  am  herumzulaufen.“

„Wir wollten  retten“, erklärt  .

„  will sie verkaufen.“

„Was?“, fragt  verdutzt.

„Wir haben alles gehört“, erklärt  .

„  ist zu klein für den  ,

darum soll das  weg.“

 seufzt. „Ach nein!

Ich will doch nicht  verkaufen,

sondern eine alte  .“

„  bleibt also auf dem  ?“,

vergewissert sich  .

„Natürlich!“  nickt.

„Juhu!“, jubeln  und 

und fallen  um den .

Das  wiehert fröhlich.

„Und ihr lauft nicht mehr weg, ja?“,

sagt  streng.

 nickt. „Versprochen!“

Dann kehren alle zum  zurück.

 und  reiten abwechselnd.

„Wir können uns  ja auch teilen,

oder?“, fragt .  nickt. „Klar!“

Eigentlich ist  doch ganz nett.

Und  ist das beste  der !

Die Wörter zu den Bildern:

Emily 

Mama 

Papa 

Ponyhof 

Insel 

Meer 

Pony 

Auto 

Schiff 

Hafen 

Leute 

Kutsche 

Bollerwagen 

Fahrräder 

Dünen 

Wiese 

Haus 

Frau 

Kira 

Frau Hansen 

Apfel 

Handfläche 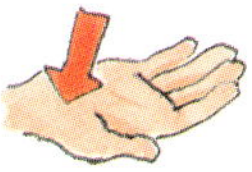

Lippen 

Mädchen 

Reithelm 

Reitstiefel 

Reithose 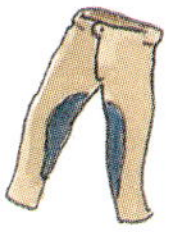

Lara 

Eltern 

Koffer 

Zunge 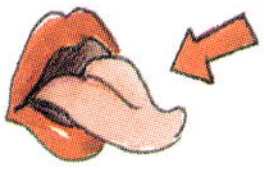

Kuh 

Essen 

Möhre 

Käse 

Handy 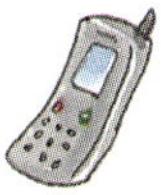

Augen 

Stall 

Tränen 

Ohr 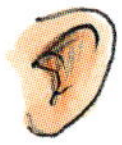

Morgen 

Nebel 

Zimmer 

Zaun 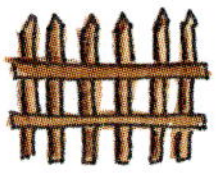

Halfter 

Strand 

Schuppen 

Weg 

Füße 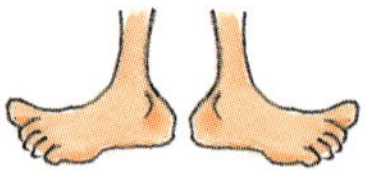

Spitze 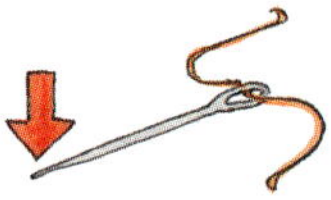

Brett 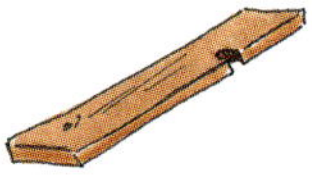

Kopf 

Rücken 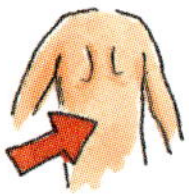

Boden 

Wolken 

Wind 

Haare 

Mensch 

Tropfen 

Ecke 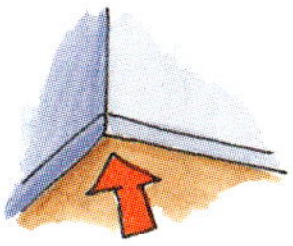

Fischernetze 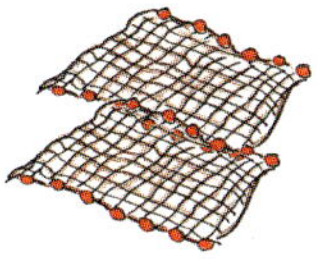

Fisch 

Seetang 

Tür 

Gesicht 

Eimer 

Wellen 

Hufe 

Arm 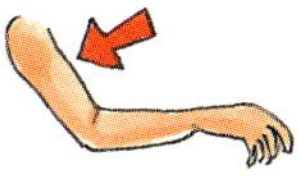

Muscheln 

Boot 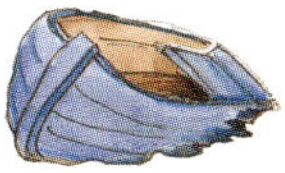

Tassen 

Schrank 

Hals 

Welt 

Vorschule/
1. Klasse

Linus und die wilden Seeräuber
ISBN 978-3-401-09432-8

Kleine Blumenelfe Tilia
ISBN 978-3-401-09433-5

Gut gespukt,
Tim Schlotterbein!
ISBN 978-3-401-09327-7

Pelle auf großer Fahrt
ISBN 978-3-401-09309-3

Ab 5/6 Jahren

1. Lesestufe

Allererstes Lesen

Kurze Geschichten zum allerersten Selberlesen

Mit Leserätseln und Glitzerstickern

Die Reihe „Allererstes Lesen" ist auf die Fähigkeiten von Leseanfängern abgestimmt: übersichtliche Leseeinheiten und kurze Zeilen sind ideal zum Lesenlernen. Die ausdrucksstarken Bilder unterstützen zudem das Textverständnis.

Große Fibelschrift und Zeilentrennung nach Sinneinheiten

Einfache Geschichten mit kurzen Zeilen

Viele farbige Bilder

Mit Bilder- und Leserätseln

Innenseite aus „Pelle auf großer Fahrt – Wikingergeschichten"

Jeder Band: Ab 5/6 Jahren • Allererstes Lesen • Durchgehend farbig illustriert • 48 Seiten
Gebunden • Format 17,5 x 24,6 cm • Mit Bücherbär am Lesebändchen und Glitzersticker-Bogen